현직초등교사가 새 교과서로 구성한

백점 만점의 100점 받아쓰기

정명숙 지음 | 이일선 그림

2학년 1학기

현직초등교사가 새 교과서로 구성한

백점 만점의 100점 받아쓰기 2학년 1학기

2010년 4월 30일 초판 1쇄 발행 | 2011년 1월 15일 초판 2쇄 인쇄

글 정명숙 | 그림 이일선

펴낸이 정태선
기획·편집 안경란 | 디자인 고정자

펴낸곳 파란정원(책먹는아이) | 출판등록 제312-2009-000054호
주소 경기도 고양시 덕양구 토당동 335-72 1층 | 전화 031-970-1628 | 팩스 031-970-1629
홈페이지 Http://www.eatingbooks.co.kr | 전자우편 eatingbooks@naver.com
출력 스크린출력 | 종이 대림지업 | 인쇄 대원인쇄 | 제본 경문제책사

ⓒ 책먹는아이 2009
ISBN 978-89-93672-03-9 63710

이 책은 저작권법에 따라 보호받는 저작물이므로 무단전재와 무단복제를 금지하며,
이 책 내용의 전부 또는 일부를 이용하려면 반드시 저작권자와 파란정원의 동의를 얻어야 합니다.
*잘못된 책은 구입하신 서점에서 바꿔 드립니다.

이 책은 이렇게 구성되어 있어요.

❶ 개정된 초등학교 2학년 1학기 국어 교과서 중 〈읽기〉〈쓰기〉에 맞추어 한글을 익힐 수 있도록 구성하였기 때문에 학교 수업 진도에 맞게 미리미리 공부할 수 있어요.

❷ **교과서의 단원명과 쪽수**를 밝혀서 아이들 스스로 예습과 복습을 할 수 있어요.

> 2학년 1학기   1. 느낌을 말해요   읽기 5쪽

❸ 쓰기만 계속하다 보면 아이들은 지루해하기 마련이지요. 눈도 즐겁고 낱말의 뜻도 쉽게 알 수 있도록 **예쁜 그림**을 곁들였어요.

❹ **적당히 쓸 수 있는 분량**의 어려운 낱말과 문장을 중심으로 엮었어요. 아이들이 한글에 지치지 않도록 많은 양의 글을 억지로 쓰게 하지 마세요. '과한 것은 모자람만 못하다' 는 옛말 잊지 마세요.

❺ 원고지 쓰는 방법과 같게 구성하여 **원고지 사용법**을 저절로 익힐 수 있도록 하였어요. 예를 들어 " "(큰따옴표) 대화글이 있는 문장에서는 맨 앞칸을 띄우고 쓰는 원칙을 지켰어요.

❻ 단원이 끝날 때마다 **맞춤법 학습지**를 실어 틀리기 쉬운 낱말을 확실하게 익히도록 하였어요.

❼ 단원이 끝날 때마다 부모님이나 선생님께서 불러 주실 **3단계의 받아쓰기 단계장을 부록**으로 실었어요. 100점을 맞았을 때는 **칭찬스티커**를 붙여 주어 아이들의 성취 욕구를 불러일으키도록 해 주세요.

머리말

《백점 만점의 100점 받아쓰기》로 신나는 하루를!

받아쓰기 100점 맞아야 돼!
아침 학교 가는 길에 어머니가 당부합니다.
쓰기 시험은 늘 맘졸이게 하지만 백점 만점을 맞으면
기분 상쾌한 하루가 됩니다.

초등학교 1학년 때가 생각납니다. 처음으로 한글을 배우던 시절, 매일 받아쓰기 시험을 봤고, 틀리는 개수대로 어머니께 손바닥을 맞아야 했습니다.

100점을 맞았을 때는 동그라미가 10개 그려진 공책을 펴들고 신나게 자랑을 했습니다. 받아쓰기 시험 때문에 긴장하긴 했지만 그 덕분에 한글을 일찍 깨쳤고, 100점 맞는 재미에 어려운 어휘까지 빨리 터득했습니다.

내가 국어교육과를 나와서 초등학교 선생님이 되고 더불어 작가까지 된 것도 아마 저학년 때의 꾸준한 받아쓰기 덕분이 아닌가 생각합니다.

요즘의 아이들은 받아쓰기를 곧잘 합니다. 한글을 빨리 깨쳐서 초등학교에 입학하기 때문에 100점을 맞는 아이들이 수두룩합니다. 하지만 어려운 낱말이 늘어갈수록 이 법칙이 깨지는 경우를 종종 봅니다.

"시계의 계가 '어이'예요, '여이'예요?"
"왠지의 왜가 '오애'예요, '우에'예요?"
"목걸이의 걸이를 받침 글자로 써요, 소리나는 대로 써요?"
"설거지의 거지를 소리나는 대로 써요, 받침 글자로 써요?"

목걸이는 받침 글자로 쓰고, 설거지는 소리나는 대로 쓰기 때문에 아이들은 많이 헷갈려합니다. 이런 예는 많이 있습니다. '목걸이, 옷걸이, 얼음, 걸음'과 같이 받침 글자로 써야 하는 경우가 있는가 하면, '목거리, 설거지, 뻐꾸기, 거름'과 같이 소리나는 대로 써야 하는 경우도 있습니다. 이럴 때는 사전에서 그 뜻을 찾아 정확하게 설명해 주는 것이 이해를 돕는 지름길입니다.

목걸이는 보석 따위로 된 목에 거는 장신구를 뜻하고, 목거리는 목이 붓고 아픈 병을 뜻한다는 것. 설거지는 먹고 난 뒤의 그릇을 씻어 정리하는 일이고, 설겆이는 틀린 말이라는 것.

한글 공부도 다 때가 있습니다. 저학년이라 불리는 1, 2학년 때 받아쓰기를 강조하는 것도 이 시기가 적기이기 때문입니다. 저학년 때 익혀야 할 글자를 제대로 익히지 못하면 난이도가 높은 낱말이 홍수처럼 밀려드는 고학년에서 이해 용량이 부족해 아이들 자신이 무척 힘들어합니다. 반면에 완벽하게 끝내고 올라간 아이들은 자신감이 붙어 국어 학습은 물론 창의력을 요하는 글짓기까지 탄력을 받아 실력이 쑥쑥 늘어갑니다. 《백점 만점의 100점 받아쓰기 시리즈》는 읽기와 쓰기 교과서를 중심으로 만들었기 때문에 학습 효과는 물론 한글 공부를 익히는 데 큰 도움을 줄 것입니다.

"선생님, 오늘 받아쓰기 안 해요?"

100점짜리 공책을 들고 어머니한테 자랑하고 싶어서 하루라도 빠지면 하자고 졸라대던 똘망똘망한 2학년 제자들의 모습이 떠오릅니다.

《백점 만점의 100점 받아쓰기 시리즈》와 함께 신나는 한글 공부와 국어 공부를 하는 2학년이 되길 바랍니다.

한글과 아이들을 사랑하는 지은이 씀

차례

1. 느낌을 말해요 11
　백점 만점의 100점 받아쓰기 1~3단계 / 1단원 맞춤법 학습지

2. 알고 싶어요 25
　백점 만점의 100점 받아쓰기 4~6단계 / 2단원 맞춤법 학습지

3. 이런 생각이 들어요 37
　백점 만점의 100점 받아쓰기 7~9단계 / 3단원 맞춤법 학습지

4. 마음을 담아서 49
　백점 만점의 100점 받아쓰기 10~12단계 / 4단원 맞춤법 학습지

5. 무엇이 중요할까? 63
　백점 만점의 100점 받아쓰기 13~15단계 / 5단원 맞춤법 학습지

6. 의견이 있어요 75
　백점 만점의 100점 받아쓰기 16~18단계 / 6단원 맞춤법 학습지

7. 따뜻한 눈길로 87
　백점 만점의 100점 받아쓰기 19~21단계 / 7단원 맞춤법 학습지

8. 재미가 새록새록 101
　백점 만점의 100점 받아쓰기 22~24단계 / 8단원 맞춤법 학습지

우리말 꾸러미 111

　맞춤법 학습지 정답(1~8단원)
　책속부록 1 백점 만점의 100점 받아쓰기 단계장 카드(1~24단계)
　책속부록 2 칭찬스티커

1. 느낌을 말해요

1. 느낌을 말해요

읽기 5쪽

✏️ 반복되는 말의 느낌을 살려 '호랑나비' 동시를 따라 써 봅시다.

호랑나비
호랑호랑
봄이 왔다
호랑호랑
꽃이 폈다
호랑호랑

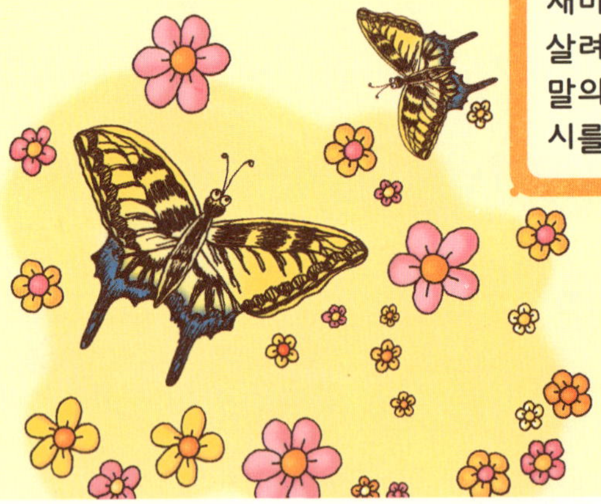

> 시를 쓸 때 반복되는 말이나 재미있는 말의 느낌을 살려 쓰면 실감이 납니다. 말의 느낌을 살려 시를 써 보세요.

| 호랑나비 | 봄이 왔다 |

| 꽃이 폈다 | 호랑호랑 |

1. 느낌을 말해요

읽기 6~8쪽

✏️ 말의 느낌을 살려 '영치기 영차' 동시를 따라 써 봅시다.

깜장 흙 속의 푸른 새싹들이
흙덩이를 떠밀고 나오면서
히-영치기 영차
히-영치기 영차

돌팍 밑에 예쁜 새싹들이
돌팍을 떠밀고 나오면서
히-영치기 영차
히-영치기 영차

흙덩이도 무섭지 않고
돌덩이도 무섭지 않은 아기 싹들이
히-영치기 영차
히-영치기 영차

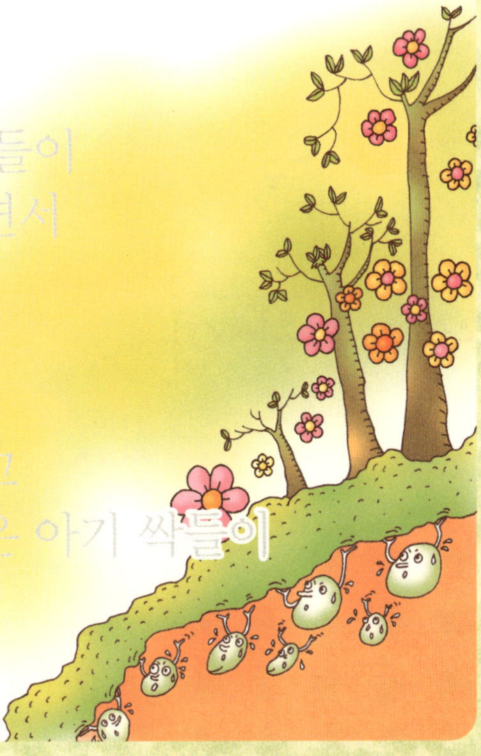

1. 느낌을 말해요

읽기 9~13쪽

✏️ 반복되는 말의 느낌을 살려 '개구리네 한솥밥' 동시를 따라 써 봅시다.

옛날 어느 곳에

개구리 하나 살았네.

쌀을 얻어 오려 형을 찾아 나섰네.

덥적덥적 길을 가니

소시랑게 엉엉 우네.

우는 것이 가엾어

뿌구국 물어보았네.

"너 왜 우니?"

"발을 다쳐 운다."

길 잃은 방아깨비

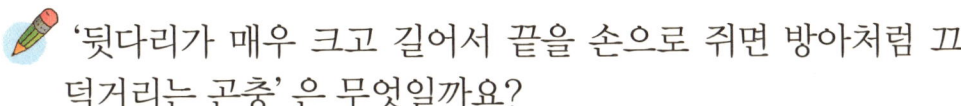
'뒷다리가 매우 크고 길어서 끝을 손으로 쥐면 방아처럼 끄덕거리는 곤충'은 무엇일까요?

❶ 반딧불이　❷ 방아깨비　❸ 귀뚜라미　❹ 사슴벌레

힌트 : '개구리네 한솥밥' 동시에 나와 있어요.

답 : ②

1. 느낌을 말해요

읽기 15쪽

✏️ 재미있는 말의 느낌을 살려 '꿩꿩 장 서방' 동시를 따라 써 봅시다.

꿩꿩 장 서방

꿩꿩 장 서방 자네 집이 어딨니?
저 산 넘어서 잔솔밭이 내 집일세.
꿩꿩 장 서방 무엇 먹고 살았니?
김칫국 끓여 밥 말아 먹고 살았다.
무슨 김치 먹었니?
열무김치 먹었다.
누구누구 먹었니?
나 혼자서 먹었다.
(다 같이 먹었다.)

말의 느낌을 살려 시를 낭송하면

1. 시를 재미있게 낭송할 수 있어요.
2. 시를 노래하듯이 낭송할 수 있어요.
3. 시를 실감나게 낭송할 수 있어요.

1. 느낌을 말해요

읽기 17~19쪽

✏️ 재미있는 말을 생각하며 '설문대 할망'을 따라 써 봅시다.

바닷물을 철렁철렁 일으키며 남쪽 제주도에 건너왔어. 키가 얼마나 큰지, 남해 바다 깊은 물도 겨우 무릎에 닿았대.

재미있는 말을 생각하며 '설문대 할망'을 따라 써 봅시다.

넓은 치마폭에다 흙을 가득 퍼 담아 제주도 한가운데 차곡차곡 쌓았어. 그렇게 하여 한라산이 생겼대.

재미있는 표현은 주로 소리를 흉내내는 말과 모양을 흉내내는 말인 '의성어와 의태어'예요.
이 낱말의 리듬감을 살려 읽으면 실감나게 표현할 수 있어요.

의태어 : 모양을 흉내내는 말
철렁철렁, 차곡차곡

의성어 : 소리를 흉내내는 말
엉엉, 멍멍, 짹짹, 어흥

재미있는 말을 생각하며 '설문대 할망'을 따라 써 봅시다.

할망은 손으로 산 꼭
대기 흙을 퍽퍽 퍼내
서 앉기 좋게 만들었
지. 그것이 바로 백록
담이야.
　"저 멀리 육지까지
쭉쭉 다리를 놓지."

1. 느낌을 말해요

쓰기 16쪽

✏️ 내 이름과 친구 이름으로 재미있는 삼행시를 지어 봅시다.

홍길동으로 삼행시 짓기

홍	→	홍수가 나도
길	→	길이 막혀도
동	→	동에 번쩍 서에 번쩍

내 이름으로 삼행시 짓기

친구 이름으로 삼행시 짓기

백점 만점의 100점 받아쓰기 1단계

읽기 5~8쪽

✏️ 불러 주시는 내용을 잘 듣고 바르게 받아 써 보세요.

1.
2.
3.
4.
5.
6.
7.
8.
9.
10.

✏️ 틀린 글자를 잊지 않도록 바르게 써 보세요.

점수

100점을 맞았을 때 칭찬스티커를 붙여 주세요.

백점 만점의 100점 받아쓰기 2단계

읽기 9~16쪽

✏️ 불러 주시는 내용을 잘 듣고 바르게 받아 써 보세요.

1.
2.
3.
4.
5.
6.
7.
8.
9.
10.

✏️ 틀린 글자를 잊지 않도록 바르게 써 보세요.

점수

100점을 맞았을 때 칭찬스티커를 붙여 주세요.

백점 만점의 100점 받아쓰기 3단계

읽기 17~20쪽

✏️ 불러 주시는 내용을 잘 듣고 바르게 받아 써 보세요.

1.
2.
3.
4.
5.
6.
7.
8.
9.
10.

✏️ 틀린 글자를 잊지 않도록 바르게 써 보세요.

점수

100점을 맞았을 때 칭찬스티커를 붙여 주세요.

1단원 맞춤법 학습지

읽기 5~20쪽

 잘못해서 맞춤법에 틀리게 썼어요. 바르게 고쳐 써 보세요.

틀린 글자	바르게 고친 글자
1. 봄이 와따 호랑호랑	
2. 꼬치 폈다 호랑호랑	
3. 흑떵이를 떠밀고 나오면서	
4. 돌맹이의 사투리	
5. 개구리 한소빱	
6. 소시랑개 한 마리 엉엉 우네.	
7. "너 외 우니?"	
8. 까마드칸 옛날 일이야.	
9. 깊은 물도 겨우 무르페 닿았대.	
10. 옷을 다 짓지 못하고 말아써.	

1단원의 받아쓰기 공부를 잘했나요?
맞춤법 문제는 1~3단계의 받아쓰기 중에서
틀리기 쉬운 글자를 중심으로 만들었어요.
모두 100점을 맞아 칭찬스티커를 붙여 보세요.

점수

100점을 맞았을 때 칭찬스티커를 붙여 주세요.

2. 알고 싶어요

2. 알고 싶어요

읽기 24~29쪽

✏️ 동물들은 어떻게 자는지 알고 따라 써 봅시다.

황새는 부리를 깃털
사이에 파묻고 한쪽
다리로 서서 잡니다.

기린은 서서 꾸벅꾸
벅 조는 듯이 잡니다.

 독도의 여러 이름을 알고 따라 써 봅시다.

신라 시대에는 독도를 우산도라고 불렀습니다.

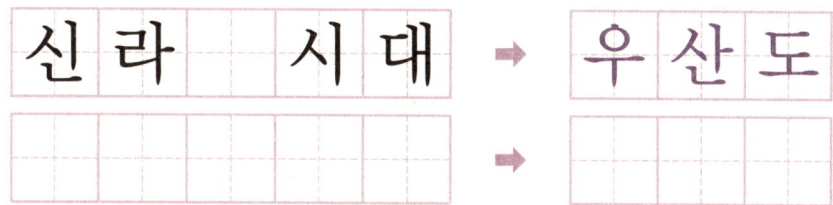

독도의 생긴 모양을 보고 삼봉도라고 불렀습니다.

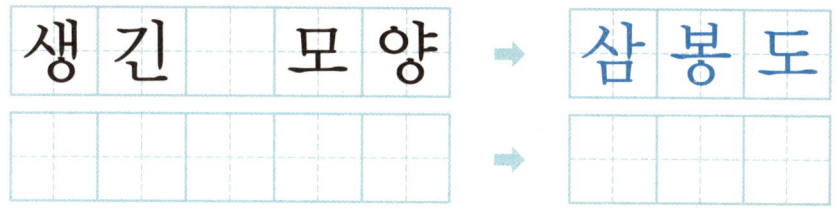

울릉도에 사는 사람들은 독도를 돌섬 또는 독섬으로 부르기도 합니다.

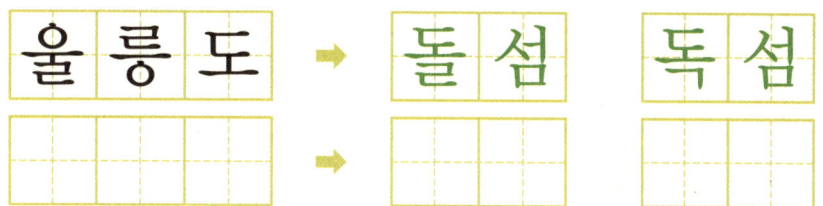

독도는 우리 땅 노래를 힘차게 불렀습니다.

2. 알고 싶어요

읽기 30~34쪽

 뜻이 반대인 낱말을 찾아 써 봅시다.

먼저 간 개미는 나중에 올 개미가 길을 잃지 않도록 냄새를 묻힙니다.

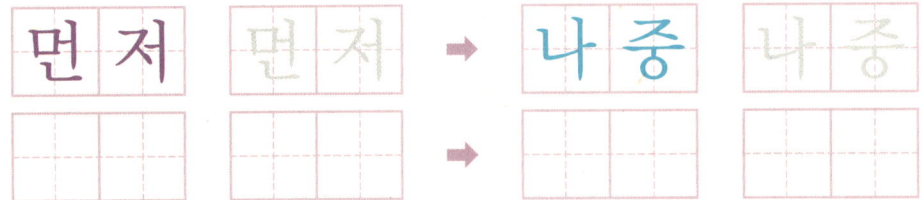

그 냄새를 맡으며 같은 길을 가므로 뒤에 오는 개미들은 서로 다른 길을 가지 않습니다.

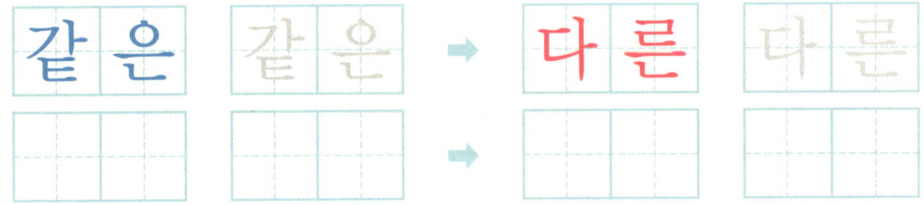

작고 가벼운 먹이는 혼자 나르지만, 크고 무거운 먹이는 여럿이 힘을 합해 나릅니다.

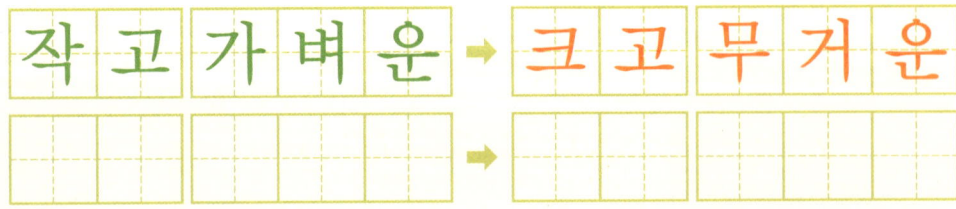

✏️ 뜻이 반대인 낱말을 찾아 써 봅시다.

어름치는 깨끗한 물에서는 살 수 있지만, 더러운 물에서는 살지 못합니다.

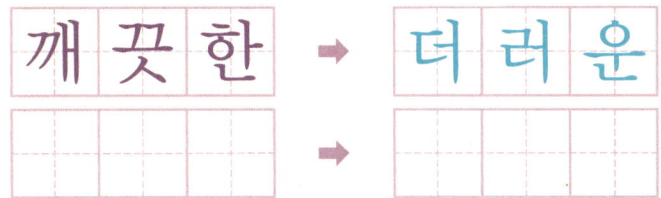

비가 많이 오는 해에 어름치는 자갈을 강의 가장자리에 모읍니다. 비가 적게 오는 해에는 자갈을 강 가운데에 모읍니다.

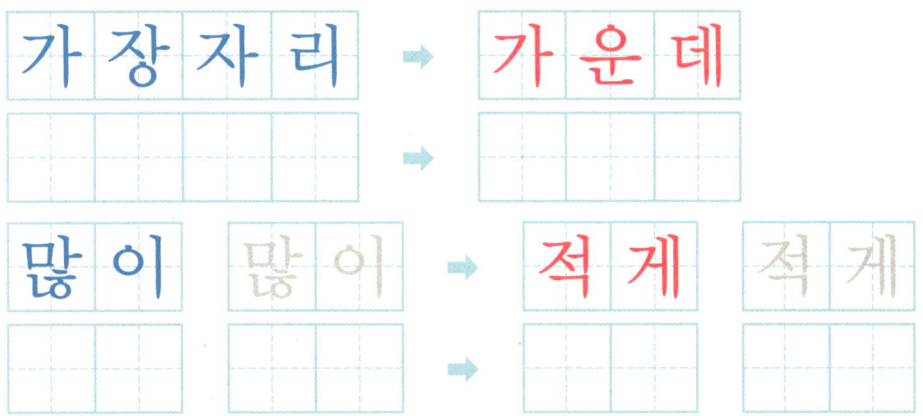

✏️ 뜻이 반대인 낱말을 보기에서 찾아 써 봅시다.

몸의 열이 빠져나가는 것을 줄여, 추위로부터 몸을 보호할 수 있습니다.

2. 알고 싶어요

읽기 36쪽

 '다섯 고개 놀이' 입니다. 나는 누구일까요?의 정답을 알아맞혀 보세요.

1. 둥근 모양인가요? → 예
2. 빨간 색깔인가요? → 아니오
3. 고무 냄새가 나나요? → 예
4. 딱딱한 느낌이 드나요? → 예
5. 거북 등을 닮았나요? → 예

정답은  입니다.

1. 동물인가요? → 예
2. 날아다니나요? → 아니오
3. 귀가 큰가요? → 예
4. 엉금엉금 기어다니나요? → 아니오
5. 깡충깡충 뛰어다니나요? → 예

정답은  입니다.

2. 알고 싶어요

쓰기
22~23쪽

✏️ 글을 읽고 잘못 쓴 낱말을 고쳐 바르게 따라 써 봅시다.

날마다 이를 깨끄시 닦습니다.

우리 학교 꽃밭에는 예쁜 꼬치 많습니다.

✏️ 다음 글을 읽고 잘못 쓴 낱말을 고쳐 바르게 따라 써 봅시다.

우리 가족은 동물원에 봄나드리를 갔다.
그 곳에는 마는 종류의 원숭이가 있었다.
가치 갔던 동생이 사육사 아저씨께 이름을 여쭈어 보앗다.

나드리	마는	가치	보앗다
↓	↓	↓	↓
나들이	많은	같이	보았다

2. 알고 싶어요

쓰기 28쪽

✏️ 모양이 둥근 것과 네모난 것의 물건 이름을 써 봅시다.

농구공	동전	지구의	시계
농구공	동전	지구의	시계

교과서	공책	지우개	칠판
교과서	공책	지우개	칠판

백점 만점의 100점
받아쓰기 4단계

읽기 23~25쪽

✏️ 불러 주시는 내용을 잘 듣고 바르게 받아 써 보세요.

1.
2.
3.
4.
5.
6.
7.
8.
9.
10.

✏️ 틀린 글자를 잊지 않도록 바르게 써 보세요.

점수

100점을 맞았을 때 칭찬스티커를 붙여 주세요.

백점 만점의 100점 받아쓰기 5단계

읽기 26~31쪽

✏️ 불러 주시는 내용을 잘 듣고 바르게 받아 써 보세요.

1.
2.
3.
4.
5.
6.
7.
8.
9.
10.

✏️ 틀린 글자를 잊지 않도록 바르게 써 보세요.

| | 점수 | 100점을 맞았을 때 칭찬스티커를 붙여 주세요. |

백점 만점의 100점
받아쓰기 6단계

읽기 32~36쪽

✏️ 불러 주시는 내용을 잘 듣고 바르게 받아 써 보세요.

1.
2.
3.
4.
5.
6.
7.
8.
9.
10.

✏️ 틀린 글자를 잊지 않도록 바르게 써 보세요.

점수

100점을 맞았을 때 칭찬스티커를 붙여 주세요.

2단원 맞춤법 학습지

읽기 23~36쪽

✏️ 잘못해서 맞춤법에 틀리게 썼어요. 바르게 고쳐 써 보세요.

틀린 글자	바르게 고친 글자
1. 동물들은 어떠케 잘까요?	
2. 부리를 기털 사이에 파묻고	
3. 표범과 가튼 적이 다가오면	
4. 오랜 옌날부터	
5. 개미는 독트칸 냄새를 풍깁니다.	
6. 진디물가 서로 돕고 삽니다.	
7. 엷은 갈색 점이 만슴니다.	
8. 깨끄탄 물에서만 삽니다.	
9. 구덩이를 파고 아를 낳습니다.	
10. 알아마쳐 보세요.	

2단원의 받아쓰기 공부를 잘했나요?
맞춤법 문제는 4~6단계의 받아쓰기 중에서
틀리기 쉬운 글자를 중심으로 만들었어요.
모두 100점을 맞아 칭찬스티커를 붙여 보세요.

점수

100점을 맞았을 때 칭찬스티커를 붙여 주세요.

3. 이런 생각이 들어요

3. 이런 생각이 들어요

읽기 38~43쪽

 인물의 마음이 직접 나타난 부분을 찾아 따라 써 봅시다.

아침부터 수진이는 신이 났습니다.

수진이의 가슴이 콩닥콩닥 뛰었습니다.

마음이 조마조마하였습니다.

 인물의 마음을 살려 실감나게 읽고 따라 써 봅시다.

어부 : 실망한 마음 – 힘없는 목소리로

"허허, 처음부터 빈 그물이라니. 오늘은 운이 없구나!"

멸치 : 불안한 마음 – 두려움에 떠는 목소리로

"아이고, 큰일 났네. 육지로 끌려가면 꼼짝없이 죽을 텐데."

어부 : 기쁜 마음 – 기쁜 목소리로

"야, 요놈들 봐라.

하하하!"

멸치 : 간절한 마음 – 불쌍한 목소리로

"어부님! 어부님!

저희를 살려 주세요

."

3. 이런 생각이 들어요

읽기 44~49쪽

 동물들의 마음을 살려 실감나게 읽고 따라 써 봅시다.

코뿔소 : 화나고 욕심내는 마음

"저리 가지 못해? 이 호수는 내가 먼저 차지했어."

코끼리 : 자랑하고 내세우는 마음

"우리 코끼리들은 할아버지 때부터 여기서 목욕을 했어."

여우 : 도우려는 마음

"잠깐만 내 이야기 좀 들어 봐. 싸우지 않고도 둘 다 호수를 차지할 수 있는 좋은 방법이 있어. 호수를 함께 사용하면 되잖아?"

3. 이런 생각이 들어요

읽기 52쪽

✏️ 할머니의 마음을 생각하며 '할머니의 자장가'를 따라 써 봅시다.

> 머리끝에 오는 잠 살금살금 내려와
> 눈썹 밑에 모여들어 깜빡깜빡 스르르
> 귀밑으로 오는 잠 살금살금 내려와
> 눈썹 밑에 모여들어 깜빡깜빡 스르르
> 우리 아기 잠드네 쌔근쌔근 잠드네
> 워리 자장 워리 자장 우리 아기 잠드네

✏️ '할머니의 자장가'에서 흉내내는 말을 찾아 써 봅시다.

남이 알아차리지 못하도록 눈치를 살펴 가면서 살며시 행동하는 모양

불빛이나 별빛 따위가 자꾸 어두워졌다 밝아졌다 하는 모양

어린아이가 곤히 잠들어 조용하게 자꾸 숨쉬는 소리

3. 이런 생각이 들어요

쓰기 40쪽

✏️ 우리 **속담**을 재미있게 바꾸어 봅시다.

> 가는 말이 고와야 오는 말이 곱다.

⬇

> 가는 과자가 커야 오는 과자가 크다.

⬇

>

✏️ 우리 **속담**을 재미있게 바꾸어 봅시다.

> 고양이 앞의 쥐

⬇

> 호랑이 앞의 강아지

⬇

>

백점 만점의 100점 받아쓰기 7단계

읽기 37~43쪽

✏️ 불러 주시는 내용을 잘 듣고 바르게 받아 써 보세요.

1.
2.
3.
4.
5.
6.
7.
8.
9.
10.

✏️ 틀린 글자를 잊지 않도록 바르게 써 보세요.

점수

100점을 맞았을 때 칭찬스티커를 붙여 주세요.

45

백점 만점의 100점
받아쓰기 8단계

읽기 44~49쪽

✏️ 불러 주시는 내용을 잘 듣고 바르게 받아 써 보세요.

1.
2.
3.
4.
5.
6.
7.
8.
9.
10.

✏️ 틀린 글자를 잊지 않도록 바르게 써 보세요.

점수

100점을 맞았을 때 칭찬스티커를 붙여 주세요.

백점 만점의 100점
받아쓰기 9단계

읽기 52쪽

✏️ 불러 주시는 내용을 잘 듣고 바르게 받아 써 보세요.

1.
2.
3.
4.
5.
6.
7.
8.
9.
10.

✏️ 틀린 글자를 잊지 않도록 바르게 써 보세요.

점수 | 100점을 맞았을 때 칭찬스티커를 붙여 주세요.

3단원 맞춤법 학습지

읽기 37~52쪽

 잘못해서 맞춤법에 **틀리게** 썼어요. 바르게 고쳐 써 보세요.

틀린 글자	바르게 고친 글자
1. 가슴이 콩닥콩닥 **띠었습니다**.	
2. "**오느른** 운이 없구나!"	
3. "어부님, **저히를** 살려 주세요."	
4. 멸치를 잡아 **지브로** 왔습니다.	
5. 신이 나서 떠들게 **되요**.	
6. 눈을 **동그라케** 뜨고 물었습니다.	
7. 마주 보며 고개를 **끄더겼슴니다**.	
8. 머리**끄테** 오는 잠	
9. 눈썹 **미테** 모여들어	
10. 강아지처럼 **기여워서** 부르는 말	

3단원의 받아쓰기 공부를 잘했나요?
맞춤법 문제는 7~9단계의 받아쓰기 중에서
틀리기 쉬운 글자를 중심으로 만들었어요.
모두 100점을 맞아 칭찬스티커를 붙여 보세요.

점수

100점을 맞았을 때 칭찬스티커를 붙여 주세요.

4. 마음을 담아서

4. 마음을 담아서

읽기
53~55쪽

✏️ 까치의 모습과 행동을 생각하며 '까치' 동시를 따라 써 봅시다.

책책책 책책책책
응원을 하나 봐요
삼삼칠 박수를
어디서 배웠을까

꼬리를
흔들어 대며
책책책책 책책책

 재미있는 박수를 쳐 봅시다.

삼삼칠 박수
짝짝짝 짝짝짝 짝짝짝짝짝짝
이겨라 이겨라 우리백군이겨라
짝짝짝 짝짝짝 짝짝짝짝짝짝
잘한다 잘한다 우리청군잘한다

멋쟁이 박수
바르고바르고 짝짝 빗고빗고 짝짝
바르고 짝 빗고 짝 바르고빗고 짝짝

호랑이 강아지 박수
어흥어흥 짝짝 깨갱깨갱 짝짝
어흥 짝 깨갱 짝 어흥깨갱 짝짝

4. 마음을 담아서

읽기 56~58쪽

✏️ **재미있는 장면을 상상하며** 다음 글을 따라 써 봅시다.

곁	에		있	던		아	이	들	이
다	투	어		돋	보	기	를		선	생
님		눈	에	도	,	귀	에	도	,	코
에	도		가	져	다		댑	니	다	.

✏️ '작은 것을 크게 볼 수 있도록 알의 배를 볼록하게 만든 안경' 이라는 뜻을 가진 낱말은 무엇일까요?

❶ 돋보기　❷ 졸보기　❸ 망원경　❹ 현미경

💚 힌트 : 흔히 노인들이 쓰는 안경이에요.

①: 답

아이들은 운동장 여
기저기로 다니며 지렁
이를 찾아 돋보기로
살펴봅니다.

✏️ '□□ 자라 어른 된다' 라는 속담에서 □□에 들어갈 낱말은 무엇일까요?

  💚 힌트 : 반대말은 어른이에요.

답: 어린이

✏️ '□□□도 밟으면 꿈틀거린다' 라는 속담에서 □□□에 들어갈 동물은 무엇일까요?

  💚 힌트 : 뱀과 비슷하게 생겼지만 아주 작아요.

답: 지렁이

4. 마음을 담아서

읽기 60~62쪽

✏️ **어떤 일이 일어났는지 생각하며** 다음 글을 따라 써 봅시다.

옛날 옛날, 어느 고을에 삼 형제가 살았대. 하지만 셋째는 얼굴도 반쪽, 몸도 반쪽, 다리도 하나밖에 없는 반쪽이야.

가장 먼저 반쪽이의
큰형이 호랑이를 잡겠
다고 나섰어. 그러나
며칠이 지나도 큰형은
돌아오지 않았어.

이번에는 반쪽이가
형들을 찾아 나섰어.

4. 마음을 담아서

읽기
63~66쪽

✏️ 장면을 상상하며 다음 글을 따라 써 봅시다.

　　반쪽이는 밥을 먹은 뒤, 마루 밑에 들어가 잠을 잤어.

　　'아니, 그럼 저 영감이 호랑이였단 말인가?'

호랑이를 잡은 반쪽이는 큰 상도 받고, 부모님께 효도하며 오래오래 행복하게 잘 살았대.

'임금이 거처하는 집' 이라는 뜻을 가진 낱말은 무엇일까요?

힌트 : 비슷한 말로는 궁궐이 있어요.

정답 : 대궐

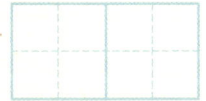

4. 마음을 담아서

읽기 68쪽

✏️ **수수께끼** 정답을 보기에서 찾아 써 봅시다.

| 달팽이 바람 번개 별 얼음 웃음꽃 이불 |

- 낮에는 눈을 꼭 감고, 밤에만 초롱초롱 눈을 뜨는 것은? →
- 손 없이 나무를 흔드는 것은? →
- 세상에서 제일 빠른 개는? →
- 계절과 상관없이 항상 피는 꽃은? →
- 불은 불인데 뜨겁지 않은 불은? →
- 항상 집을 등에 지고 다니는 것은? →
- 덥다 덥다 하면서 점점 작아지는 것은? →

4. 마음을 담아서

쓰기 52쪽

✏️ 다음과 같이 **끝말잇기**를 하여 **짧은 글**을 지어 봅시다.

친구 → 구두

친구가 예쁜 구두를 샀다.

쪽지 →

사과 →

백점 만점의 100점 받아쓰기 10단계

읽기 53~58쪽

✏️ 불러 주시는 내용을 잘 듣고 바르게 받아 써 보세요.

1.
2.
3.
4.
5.
6.
7.
8.
9.
10.

✏️ 틀린 글자를 잊지 않도록 바르게 써 보세요.

점수

100점을 맞았을 때 칭찬스티커를 붙여 주세요.

백점 만점의 100점 받아쓰기 11단계

읽기 60~61쪽

✏️ 불러 주시는 내용을 잘 듣고 바르게 받아 써 보세요.

1.
2.
3.
4.
5.
6.
7.
8.
9.
10.

✏️ 틀린 글자를 잊지 않도록 바르게 써 보세요.

점수

100점을 맞았을 때 칭찬스티커를 붙여 주세요.

백점 만점의 100점 받아쓰기 12단계

읽기 63~65쪽

✏️ 불러 주시는 내용을 잘 듣고 바르게 받아 써 보세요.

1.
2.
3.
4.
5.
6.
7.
8.
9.
10.

✏️ 틀린 글자를 잊지 않도록 바르게 써 보세요.

점수

100점을 맞았을 때 칭찬스티커를 붙여 주세요.

4단원 맞춤법 학습지

읽기 53~68쪽

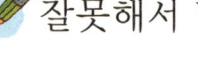 잘못해서 맞춤법에 틀리게 썼어요. 바르게 고쳐 써 보세요.

틀린 글자	바르게 고친 글자
1. 마음을 다마서	
2. "야, 진짜 웃읍다."	
3. 도뽀기로 보면 뱀이 될 텐데.	
4. "갠차나요."	
5. 처째와 둘째는 잘생기고	
6. 마을에 큰니리 생겼어.	
7. 몇일이 지나도 돌아오지 않았어.	
8. 하루빠믈 묵게 되었지.	
9. 제주를 넘더니 호랑이로 변하네.	
10. 오레오레 행복하게 잘 살았대.	

4단원의 받아쓰기 공부를 잘했나요?
맞춤법 문제는 10~12단계의 받아쓰기 중에서 틀리기 쉬운 글자를 중심으로 만들었어요.
모두 100점을 맞아 칭찬스티커를 붙여 보세요.

점수

100점을 맞았을 때 칭찬스티커를 붙여 주세요.

5. 무엇이 중요할까?

5. 무엇이 중요할까?

읽기 72~75쪽

 새로 알게 된 내용을 생각하며 다음 낱말을 써 봅시다.

옹기그릇의 종류

| 항 | 아 | 리 | | 밥 | 그 | 릇 | | 국 | 그 | 릇 |

| 반 | 찬 | | 그 | 릇 | 동 | 전 | 수 | 저 | 통 |

옹기그릇의 재료

| 진 | 흙 |

옹기그릇의 좋은 점

❶ 음식물이 쉽게 상하지 않는다.

❷ 음식 맛도 더 좋아진다.

✏️ '옹기를 파는 가게'라는 뜻을 가진 낱말은 무엇일까요?

💟 힌트 : 읽기 72쪽을 찾아보면 나와 있어요.

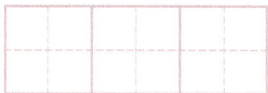

답 : 옹기전

✏️ '아래위가 좁고 배가 부른 질그릇'이라는 뜻을 가진 낱말은 무엇일까요?

💟 힌트 : 읽기 73쪽을 찾아보면 나와 있어요.

답 : 옹아리

✏️ 다음 중 우리 조상들이 옹기그릇에 담아 놓고 먹었던 음식이 아닌 것은 무엇일까요?

❶ 간장   ❷ 된장   ❸ 고추장   ❹ 육개장

💟 힌트 : 읽기 74쪽을 찾아보면 나와 있어요.

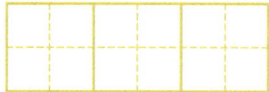

답 : ❹

65

5. 무엇이 중요할까?

읽기 76~78쪽

 새로 알게 된 내용을 생각하며 다음 낱말을 써 봅시다.

어디에서

한	국	민	속	박	물	관
한	국	민	속	박	물	관

세 가지 체험

❶ 한지로 종이 상자 만들기
  한지로 종이 상자 만들기

❷ 한지로 부채 만들기
  한지로 부채 만들기

❸ 흙으로 도자기 찻잔 만들기
  흙으로 도자기 찻잔 만들기

좋은 점

① 옛 물건을 직접 만들어 볼 수 있다.

② 조상들의 훌륭한 솜씨도 배울 수 있다.

③ 함께 즐거운 시간을 보낼 수 있다.

✏️ '어린아이를 대접하거나 격식을 갖추어 이르는 말' 이라는 뜻을 가진 낱말은 무엇일까요?

❤️ 힌트 : 초등학생의 아이를 이렇게 부르기도 해요.

✏️ '돈이나 물건 따위를 빌려 줌' 이라는 뜻을 가진 낱말은 무엇일까요?

❤️ 힌트 : 읽기 80쪽을 찾아보면 나와 있어요.

5. 무엇이 중요할까?

읽기 84쪽

✏️ 가로 열쇠와 세로 열쇠를 잘 읽고 **십자말 풀이**를 풀어 봅시다.

> **십자말 풀이**
> 바둑판 같은 바탕에 해답의 글자 수만큼 빈 칸을 가로와 세로로 엇갈리게 배열해 놓고, 가로로 답을 하는 문제와 세로로 답을 하는 문제를 풀어서 빈칸을 채우는 놀이입니다.

🗝 **가로 열쇠**
1. '고맙습니다.' 와 비슷한 말. '○○합니다.'
3. 내가 태어난 날.
4. 텔레비전에서 만화○○를 보아요.
6. 우리나라 사람들이 즐겨 먹는 반찬. 깍두기, 배추○○

🗝 **세로 열쇠**
1. "에취, 에취!" ○○에 걸렸어요.
2. 학교에 다니며 공부하는 사람. 우리들은 초등○○
5. 꽃씨를 예쁜 ○○에 심어요.
7. 식사 뒤에는 ○○○을 해야 충치가 생기지 않아요.

5. 무엇이 중요할까?

쓰기 64쪽

 비를 나타내는 우리말을 읽고 다음 문제를 풀어 봅시다.

> 조금씩 촉촉이 내리는 가랑비
> 안개보다 조금 굵고 이슬비보다 조금 가는 는개
> 겨우 먼지나 일지 않을 정도로 조금 오다 마는 먼지잼
> 한꺼번에 쏟아지는 모다기비. 집중호우
> 모내기 할 무렵 내리는 목비
> 빗줄기가 발처럼 보이는 발비
> 물을 떠 붓듯 세차게 오는 억수. 작은 말은 악수
> 짧은 시간 동안에 갑자기 세차게 내리는 소나기
> 좍좍 내리다 잠깐 그쳤으나 아직 비가 올 듯한 기색은 있는 웃비
> 볕이 난 날 잠깐 뿌리는 여우비
> 이슬처럼 아주 가늘게 내리는 이슬비
> 굵직하고 거세게 퍼붓는 작달비. 큰 말은 장대비

 비를 나타내는 우리말 퀴즈

볕이 난 날 잠깐 뿌리는 비	➡			
조금씩 촉촉이 내리는 비	➡			
이슬처럼 아주 가늘게 내리는 비	➡			

다음 보기 를 보고 재미있는 수수께끼 문제를 풀어 봅시다.

> 거짓말 공기 구멍 콩나물 밤 심술 수학 옥수수 이름 허수

- 가죽 속에 털이 난 것은? →
- 깎으면 깎을수록 커지는 것은? →
- 학은 학인데 날지 못하는 학은? →
- 따끔이 속에 빤빤이, 빤빤이 속에 털털이, 털털이 속에 냠냠이는? →
- 마셔도 배가 부르지 않는 것은? →
- 말은 말인데 타지 못하는 말은? →
- 몸은 하나인데 머리가 둘인 것은? →
- 허수아비의 아들 이름은? →
- 내 것인데도 남이 더 많이 쓰는 것은? →
- 놀부가 가장 좋아하는 술은? →

백점 만점의 100점 받아쓰기 13단계

읽기 72~75쪽

✏️ 불러 주시는 내용을 잘 듣고 바르게 받아 써 보세요.

1.
2.
3.
4.
5.
6.
7.
8.
9.
10.

✏️ 틀린 글자를 잊지 않도록 바르게 써 보세요.

점수

100점을 맞았을 때 칭찬스티커를 붙여 주세요.

백점 만점의 100점 받아쓰기 14단계

읽기 76~82쪽

✏️ 불러 주시는 내용을 잘 듣고 바르게 받아 써 보세요.

1.
2.
3.
4.
5.
6.
7.
8.
9.
10.

✏️ 틀린 글자를 잊지 않도록 바르게 써 보세요.

| | 점수 | 100점을 맞았을 때 칭찬스티커를 붙여 주세요. |

백점 만점의 100점 받아쓰기 15단계

읽기 84쪽

✏️ 불러 주시는 내용을 잘 듣고 바르게 받아 써 보세요.

1.
2.
3.
4.
5.
6.
7.
8.
9.
10.

✏️ 틀린 글자를 잊지 않도록 바르게 써 보세요.

점수 | 100점을 맞았을 때 칭찬스티커를 붙여 주세요.

5단원 맞춤법 학습지

읽기 69~84쪽

✏️ 잘못해서 맞춤법에 **틀리게** 썼어요. 바르게 고쳐 써 보세요.

틀린 글자	바르게 고친 글자
1. **진흐그로** 만든 그릇	
2. **배불뚜기** 모양이 조금씩 다른	
3. 여러 종류의 **그르시** 많았다.	
4. 음식물을 **다마** 놓으면	
5. 아름다운 **부체를** 만듭니다.	
6. **훌룡한** 솜씨도 배우게 됩니다.	
7. **주이할** 점이 있습니다.	
8. **텔레비존**에서 만화영화를 보아요.	
9. 감기에 **걸려써요**.	
10. 꽃씨를 **이쁜** 화단에 심어요.	

5단원의 받아쓰기 공부를 잘했나요?
맞춤법 문제는 13~15단계의 받아쓰기 중에서 틀리기 쉬운 글자를 중심으로 만들었어요.
모두 100점을 맞아 칭찬스티커를 붙여 보세요.

점수

100점을 맞았을 때 칭찬스티커를 붙여 주세요.

6. 의견이 있어요

6. 의견이 있어요

읽기 86~87쪽

✏️ 인물의 의견을 생각하며 '물 없이 살 수 없어요'를 따라 써 봅시다.

하마 물은 얼마든지 있으니까 함부로 써도 돼.
물은 얼마든지 있으니까 함부로 써도 돼.

너구리 물을 아껴 쓰려면 우물을 많이 파야 해.
물을 아껴 쓰려면 우물을 많이 파야 해.

수달 물은 소중하니까 아껴 써야 해.
물은 소중하니까 아껴 써야 해.

글쓴이 우리는 물을 아껴 써야 합니다.
우리는 물을 아껴 써야 합니다.

글쓴이의 의견을 생각하며 읽으면
1. 글쓴이의 생각을 잘 알 수 있어요.
2. 글의 내용을 잘 알 수 있어요.
3. 글쓴이의 생각과 내 생각을 비교할 수 있어요.

6. 의견이 있어요

읽기 88~91쪽

✏️ **인물의 의견**을 생각하며 '물 없이 살 수 없어요'를 따라 써 봅시다.

| 달 | 사람들은 늘 잠들어 있어. |

| 해 | 사람들은 늘 바쁘게 움직여. |

| 구름 | 다른 사람의 생각이 옳을 때도 있어. |

✏️ 달은 자기가 본 모습 그대로 나뭇잎을 은빛이라고 말했어요. 그러면 해는 나뭇잎을 어떤 색이라고 하였을까요?

❶ 노란색   ❷ 빨간색   ❸ 하얀색   ❹ 초록색

 힌트 : 읽기 88쪽을 찾아보면 나와 있어요.

답 : ❹

6. 의견이 있어요

읽기
92~98쪽

✏️ 색으로 쓴 낱말이 어떻게 소리 나는지 알아보고 따라 써 봅시다.

학교 수업을 마치고 집으로 돌아오던 길이었습니다.

| 도 | 라 | 오 | 던 |

형은 웃으면서 말하였습니다.

| 우 | 스 | 면 | 서 |

"나도 떨어진 거 알고 있어."

| 떠 | 러 | 진 |

작은 것이라도 소중하게 생각하는 마음을 가졌으면 좋겠습니다.

| 가 | 져 | 쓰 | 면 |

✏️ 다음 낱말을 소리 나는 대로 써 봅시다.

수업을 → | 수 | 어 | 블 |

작은 → | 자 | 근 |

동전이 → | 동 | 저 | 니 |

✏️ 색으로 쓴 낱말이 어떻게 소리 나는지 알아보고 따라 써 봅시다.

이 초대장을 보고 많은 동물이 몰려들었습니다.

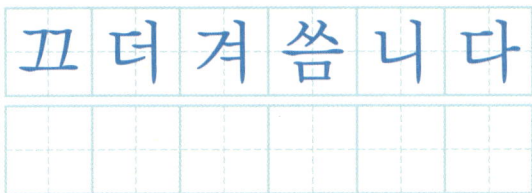

거북 할아버지의 말을 듣고 있던 동물들은 모두 고개를 끄덕였습니다.

지구가 얼마나 아름답고 살기 좋은 곳인지 알려 주겠어요.

원숭이도 일어나서 말하였습니다.

어떤 동물이 지구를 대표하여 별나라에 가면 좋을까요?

✏️ 다음 낱말을 소리 나는 대로 써 봅시다.

✏️ 다음 낱말이 어떻게 소리 나는지 알아보고 따라 써 봅시다.

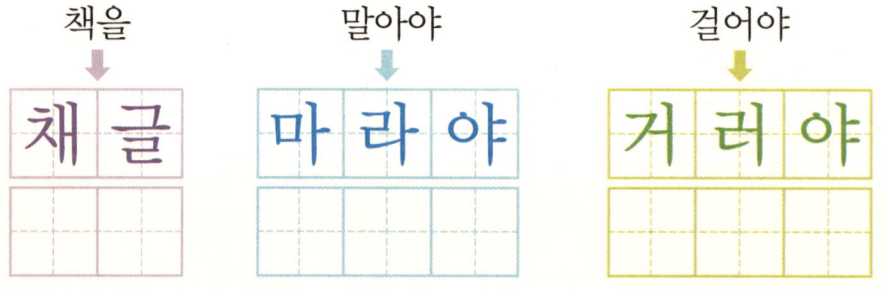

6. 의견이 있어요

읽기 100쪽

 속담의 뜻을 알고 따라 써 봅시다.

바늘 가는 데 실 간다
바늘 가는 데 실 간다

바늘 가는 데 항상 실이 따라가듯이 늘 붙어 다니는 사이를 이를 때에 '바늘 가는 데 실 간다'라고 말합니다.

고래 싸움에 새우 등 터진다
고래 싸움에 새우 등 터진다

강한 자들끼리 싸우는 통에 아무 상관도 없는 약한 자가 중간에 끼어 피해를 입게 됨을 비유적으로 이르는 말입니다.

6. 의견이 있어요

쓰기 72쪽

✏️ 다음 글을 읽고 **틀린 글자**를 고쳐 바르게 써 봅시다.

> 나는 공룡 시대로 가고 **시퍼**. **외냐하면**, 내 장래 희망이 공룡 박사라서 공룡에 대하여 더 자세히 알고 싶기 때문이야.
> 거기서 공룡도 직접 만져 보고, 공룡이 **조아하는** 먹이도 관찰할 수 **있잔아**?
> 또, 코끼리를 만나 **무어슬** 먹고 사는지도 알 수 있어서 좋아. **그레서** 난 그 기차에 꼭 타고 싶어.

시퍼 → 싶어
외냐하면 → 왜냐하면
조아하는 → 좋아하는
있잔아 → 있잖아
무어슬 → 무엇을
그레서 → 그래서

백점 만점의 100점 받아쓰기 16단계

읽기 85~87쪽

✏️ 불러 주시는 내용을 잘 듣고 바르게 받아 써 보세요.

1.
2.
3.
4.
5.
6.
7.
8.
9.
10.

✏️ 틀린 글자를 잊지 않도록 바르게 써 보세요.

점수

100점을 맞았을 때 칭찬스티커를 붙여 주세요.

백점 만점의 100점 받아쓰기 17단계

읽기 88~91쪽

✏️ 불러 주시는 내용을 잘 듣고 바르게 받아 써 보세요.

1.
2.
3.
4.
5.
6.
7.
8.
9.
10.

✏️ 틀린 글자를 잊지 않도록 바르게 써 보세요.

점수 | 100점을 맞았을 때 칭찬스티커를 붙여 주세요.

백점 만점의 100점 받아쓰기 18단계

읽기 92~97쪽

✏️ 불러 주시는 내용을 잘 듣고 바르게 받아 써 보세요.

1.
2.
3.
4.
5.
6.
7.
8.
9.
10.

✏️ 틀린 글자를 잊지 않도록 바르게 써 보세요.

점수

100점을 맞았을 때 칭찬스티커를 붙여 주세요.

6단원 맞춤법 학습지

읽기 85~100쪽

 잘못해서 맞춤법에 틀리게 썼어요. 바르게 고쳐 써 보세요.

| 틀린 글자 | 바르게 고친 글자 |

1. 우리에게 많은 **도우믈** 줍니다.

2. **생할을** 편리하게 해 줍니다.

3. **설겆이** 등을 할 수 있습니다.

4. 항상 **열씨미** 일하고 있지.

5. **나문니푼** 은빛으로 빛나.

6. 마주 보며 **고게를** 끄덕였습니다.

7. **지브로** 돌아오던 길이었습니다.

8. 형은 **우스면서** 말하였습니다.

9. 많은 **동무리** 몰려들었습니다.

10. 궁금해하는 친구들이 **만차나요**?

6단원의 받아쓰기 공부를 잘했나요?
맞춤법 문제는 16~18단계의 받아쓰기 중에서
틀리기 쉬운 글자를 중심으로 만들었어요.
모두 100점을 맞아 칭찬스티커를 붙여 보세요.

점수

100점을 맞았을 때 칭찬스티커를 붙여 주세요.

7. 따뜻한 눈길로

7. 따뜻한 눈길로

읽기 102~109쪽

✏️ **일이 일어난 차례**를 생각하며 '땅꼬마'를 따라 써 봅시다.

학	교	에	서		집	으	로		돌
아	오	는		길	에		우	리	반
에	서		키	가		가	장		큰
형	섭	이	가		'	땅	꼬	마	' 라
고		놀	렸	다	.				

✏️ '키가 몹시 작은 사람'을 뜻하는 낱말은 무엇일까요?

♥힌트 : 읽기 102쪽을 찾아보면 나와 있어요.

답 : 땅꼬마

형섭이를 때려 주고 싶었지만 꾹 참고 집으로 돌아왔다.

아버지의 말씀을 듣고 마음이 풀렸다.

✏️ 줄넘기를 하며 불렀던 '꼬마야 꼬마야' 전래동요예요. 따라 불러 보세요.

| 똑똑
누구십니까
꼬마입니다
들어오세요 | → | 꼬마야 꼬마야
뒤를 돌아라
꼬마야 꼬마야
땅을 짚어라 | → | 꼬마야 꼬마야
만세를 불러라
꼬마야 꼬마야
잘 가거라 |

✏️ **일이 일어난 차례**를 생각하며 '수민이와 곰 인형'를 따라 써 봅시다.

어머니의 말씀대로 쓰지 않는 물건을 필요한 사람들에게 나누어 주기로 하였습니다.

대문에 붙인 쪽지를 보고 이웃 사람들이 장난감을 가져갔습니다.

늦은 밤에 어떤 아주머니와 여자아이가 찾아왔습니다.

　수민이는 가장 좋아하는 곰 인형을 아이에게 주었습니다.

✏️ '부끄러워서 자꾸 머뭇거리거나 주저주저하는 모양'을 뜻하는 낱말은 무엇일까요?

❶ 쭈뼛쭈뼛　❷ 딩동딩동　❸ 딸랑딸랑　❹ 싱글벙글

💟힌트 : 읽기 107쪽에 나와 있어요.

답 : ①

7. 따뜻한 눈길로

읽기 110~118쪽

✏️ **일이 일어난 차례**를 생각하며 '소금 장수와 기름 장수'를 따라 써 봅시다.

호랑이가 소금 장수와 기름 장수를 삼켜 버렸습니다.

두 사람은 등잔불을 켜고 빠져나갈 궁리를 하였습니다.

호랑이 배 속에서 등잔이 엎어져 깜짝 놀란 호랑이는 펄쩍펄쩍 뛰었습니다.

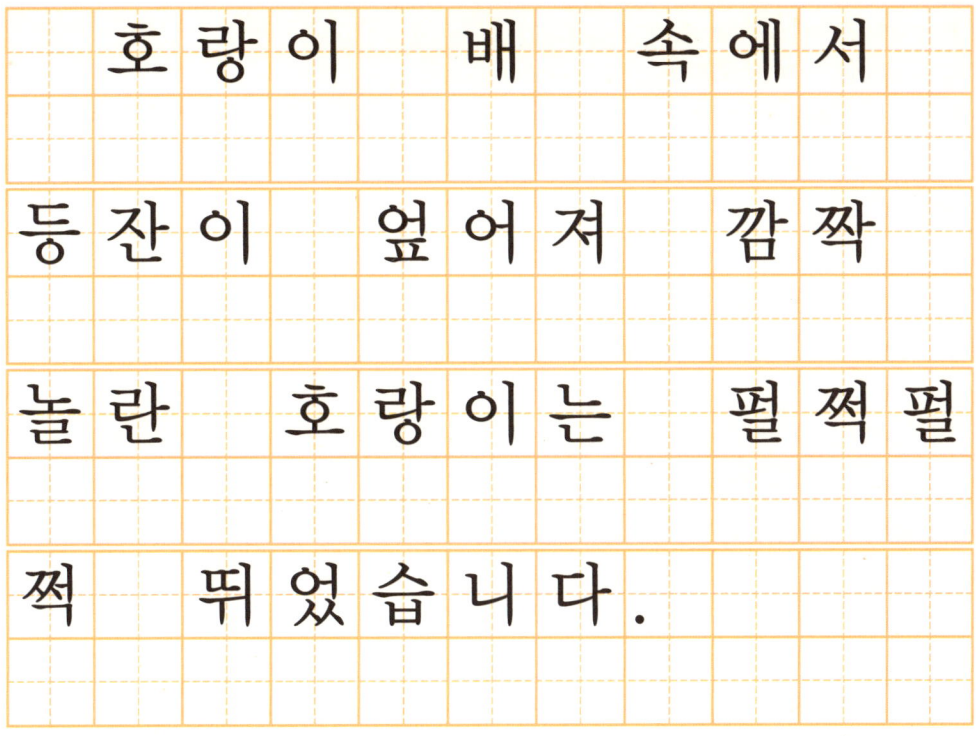 일이 일어난 차례를 생각하며 '숙제 로봇의 일기'를 풀어 봅시다.

수영이 아버지는 수영이에게 무엇을 선물하였나요?

숙제를 해 주는 로봇

수영이는 숙제 로봇에게 어떤 일을 시켰나요?

그림 그리기　일기 쓰기

7. 따뜻한 눈길로

쓰기
78~79쪽

✏️ 편지 쓰는 차례를 생각하며 따라 써 봅시다.

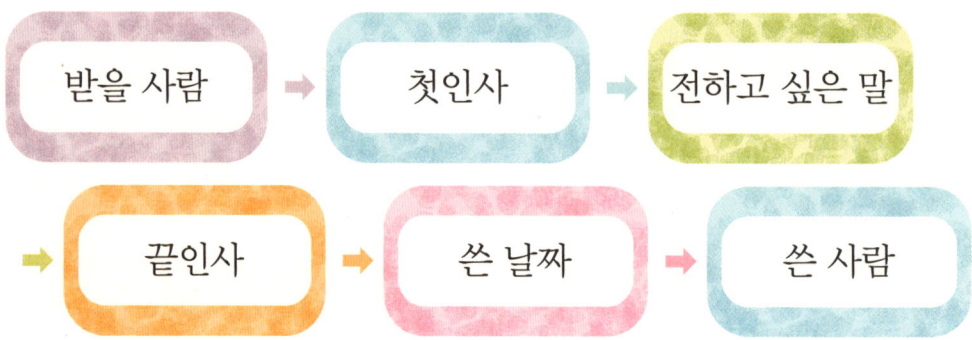

❶ 받을 사람

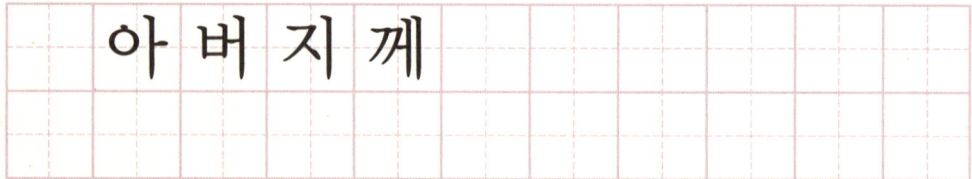

아버지께

❷ 첫인사

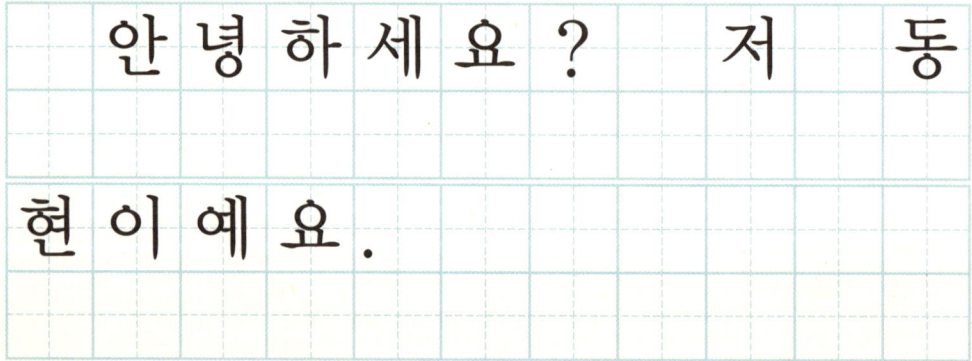

안녕하세요? 저 동
현이예요.

❸ 전하고 싶은 말

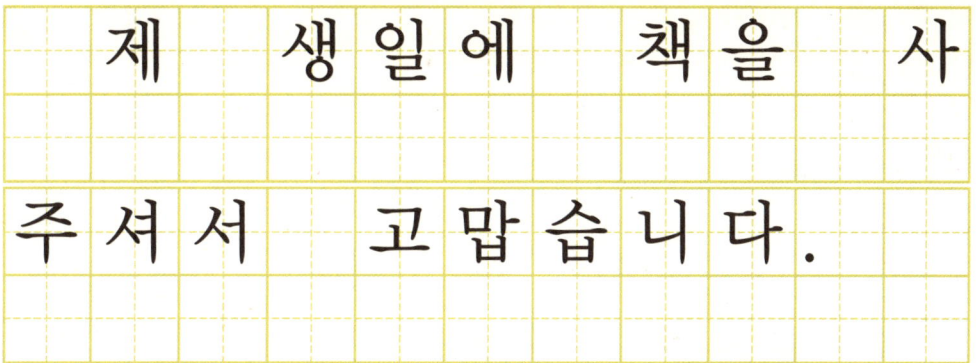

❹ 끝인사

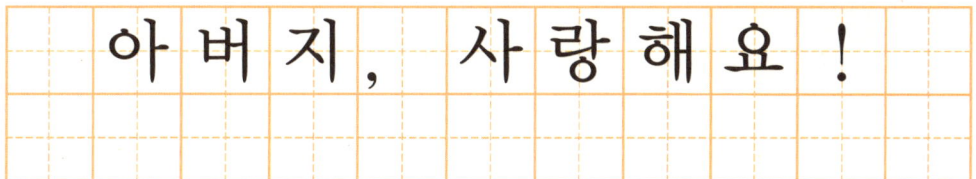

❺ 쓴 날짜

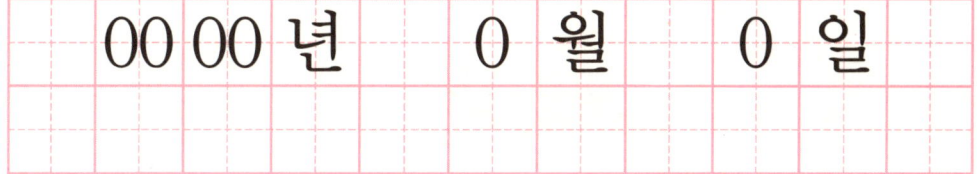

❻ 쓴 사람

7. 따뜻한 눈길로

쓰기
88쪽

 같은 점을 찾아봅시다.

동물

털

다리

무겁다

백점 만점의 100점
받아쓰기 19단계

읽기 101~109쪽

✏️ 불러 주시는 내용을 잘 듣고 바르게 받아 써 보세요.

1.

2.

3.

4.

5.

6.

7.

8.

9.

10.

✏️ 틀린 글자를 잊지 않도록 바르게 써 보세요.

점수

100점을 맞았을 때 칭찬스티커를 붙여 주세요.

백점 만점의 100점 받아쓰기 20단계

읽기 110~111쪽

✏️ 불러 주시는 내용을 잘 듣고 바르게 받아 써 보세요.

1.
2.
3.
4.
5.
6.
7.
8.
9.
10.

✏️ 틀린 글자를 잊지 않도록 바르게 써 보세요.

점수

100점을 맞았을 때 칭찬 스티커를 붙여 주세요.

백점 만점의 100점 받아쓰기 21단계

읽기 113~118쪽

✏️ 불러 주시는 내용을 잘 듣고 바르게 받아 써 보세요.

1.
2.
3.
4.
5.
6.
7.
8.
9.
10.

✏️ 틀린 글자를 잊지 않도록 바르게 써 보세요.

점수

100점을 맞았을 때 칭찬스티커를 붙여 주세요.

7단원 맞춤법 학습지

읽기
101~118쪽

 잘못해서 맞춤법에 **틀리게** 썼어요. 바르게 고쳐 써 보세요.

| 틀린 글자 | 바르게 고친 글자 |

1. 따뜻한 **눈낄로**

2. 아버지께서 **빙그래** 웃으셨다.

3. 대문에 **쪽찌를** 붙여 놓자

4. **굼주린** 호랑이와 마주쳤습니다.

5. "**재발** 한 번만 살려 주십시오."

6. "먼저 **부를** 켜고 봅시다."

7. 그만 등잔이 **어퍼져씀니다**.

8. **숙쩨를** 해 주는 로봇이란다.

9. 왼쪽 **빰을** 건드렸습니다.

10. **곰곰히** 생각한 끝에

7단원의 받아쓰기 공부를 잘했나요?
맞춤법 문제는 19~21단계의 받아쓰기 중에서
틀리기 쉬운 글자를 중심으로 만들었어요.
모두 100점을 맞아 칭찬스티커를 붙여 보세요.

점수

100점을
맞았을 때
칭찬스티커를
붙여 주세요.

8. 재미가 새록새록

8. 재미가 새록새록

읽기 119~128쪽

 인물의 모습과 행동에 어울리는 목소리를 생각하며 따라 써 봅시다.

신하 : 두려워하는 목소리

저 개가 불덩이를 토합니다. 없애지 않으면 큰일이 납니다.

임금님 : 후회하는 목소리

아, 불개가 햇빛과 달빛을 가져왔었구나!

현무 : 웅장한 목소리

환한 빛은 해와 달에서 나오는 거란다.

청룡 : 호통 치는 목소리

어떤 놈이 감히 해를 넘보느냐?

불개 : 기쁜 목소리

아, 드디어 해를 찾았다.

8. 재미가 새록새록

쓰기 89쪽

✏️ □ 안에 **반복되는 말**을 넣어 '여름 냇가' 시를 완성하여 봅시다.

꾀꼴꾀꼴   왔다갔다   졸졸졸졸   한들한들

여름 냇가

시냇물은 □□□□

고기들은 □□□□

버들가지 □□□□

꾀꼬리는 □□□□

8. 재미가 새록새록

쓰기 92~93쪽

✏️ □ 안에 반복되는 말을 넣어 '시리동동 거미동동' 시를 완성하여 봅시다.

시리동동 거미동동

왕거미 거미줄은 하얘.

하얀 것은 토끼
□□□□ 는 난다.

나는 것은 까마귀
□□□□ 는 검다.

검은 것은 바위
□□□□ 는 높다.

8. 재미가 새록새록

쓰기 94쪽

✏️ 전래동요 '잘잘잘' 노래를 불러 봅시다.

잘잘잘

전래동요

하나 하면 할머니가 지팡이를 짚는다고 잘잘잘
둘 하면 두부 장수 두부를 판다고 잘잘잘
셋 하면 새색시가 거울을 본다고 잘잘잘
넷 하면 냇가에서 빨래를 한다고 잘잘잘
다섯 하면 다람쥐가 도토리를 줍는다고 잘잘잘
여섯 하면 여학생이 공부를 한다고 잘잘잘
일곱 하면 일꾼들이 나무를 벤다고 잘잘잘
여덟 하면 엿장수가 호박엿을 판다고 잘잘잘
아홉 하면 아버지가 신문을 본다고 잘잘잘
열 하면 열무 장수 열무가 왔다고 잘잘잘

✏️ 반복되는 말을 써 봅시다.

✏️ '잘잘잘'에 나오는 숫자를 모두 써 봅시다.

백점 만점의 100점
받아쓰기 22단계

읽기 119~122쪽

✏️ 불러 주시는 내용을 잘 듣고 바르게 받아 써 보세요.

1.
2.
3.
4.
5.
6.
7.
8.
9.
10.

✏️ 틀린 글자를 잊지 않도록 바르게 써 보세요.

점수

100점을 맞았을 때 칭찬스티커를 붙여 주세요.

백점 만점의 100점 받아쓰기 23단계

읽기 123~125쪽

✏️ 불러 주시는 내용을 잘 듣고 바르게 받아 써 보세요.

1.
2.
3.
4.
5.
6.
7.
8.
9.
10.

✏️ 틀린 글자를 잊지 않도록 바르게 써 보세요.

점수

100점을 맞았을 때 칭찬스티커를 붙여 주세요.

백점 만점의 100점 받아쓰기 24단계

읽기 126~127쪽

✏️ 불러 주시는 내용을 잘 듣고 바르게 받아 써 보세요.

1.
2.
3.
4.
5.
6.
7.
8.
9.
10.

✏️ 틀린 글자를 잊지 않도록 바르게 써 보세요.

점수

100점을 맞았을 때 칭찬스티커를 붙여 주세요.

8단원 맞춤법 학습지

읽기 119~130쪽

 잘못해서 맞춤법에 틀리게 썼어요. 바르게 고쳐 써 보세요.

틀린 글자	바르게 고친 글자
1. 모두 고개만 수기고 있었습니다.	
2. 임금님 아페 나섰습니다.	
3. 제가 부를 구해 오겠습니다.	
4. 청룡은 놀라서 다라나씀니다.	
5. "아, 드디어 해를 차자따."	
6. 불개의 모미 검게 그슬렸습니다.	
7. 약속은 까마케 잊고 말았습니다.	
8. 낭떨어지 아래로 던졌습니다.	
9. 뭉개뭉개 피어올랐습니다.	
10. 눈에서 눈무리 흘러내렸습니다.	

8단원의 받아쓰기 공부를 잘했나요?
맞춤법 문제는 22~24단계의 받아쓰기 중에서 틀리기 쉬운 글자를 중심으로 만들었어요.
모두 100점을 맞아 칭찬스티커를 붙여 보세요.

점수

100점을 맞았을 때 칭찬스티커를 붙여 주세요.

110

우리말 꾸러미

우리말 꾸러미

쓰기
101~103쪽

✏️ **자음자의 위치**에 따라 글씨가 달라짐을 알고 낱말을 바르게 써 봅시다.

가 방	고 무	국 기
까 닭	꼬 까 신	깍 두 기
나 무	노 래	논 밭

112

우리말 꾸러미

쓰기 106~107쪽

✏️ 뜻이 반대가 되는 말을 보기 에서 찾아 써 봅시다.

작다   짧다   적다   낮다   좁다   서다

크다 ↕

길다 ↕

많다 ↕

높다 ↕

넓다 ↕

앉다 ↕

✏️ 뜻이 반대가 되는 말을 보기 에서 찾아 써 봅시다.

| 뒤 | 불 | 수컷 | 아래 | 여자 | 땅 |

우리말 꾸러미

쓰기 106~107쪽

✏️ **틀리기 쉬운 말**을 바르게 써 봅시다.

❶ 아침에는 햇님이 활짝 인사합니다.

❷ 된장찌게는 우리나라 대표 음식이지.

❸ 오손도손 사이좋게 지내자.

❹ 오늘은 날씨가 몹씨 덥구나.

❺ 학교 화단에 이쁜 꽃이 활짝 피었습니다.

❻ 잠잘 때에 배개가 너무 높으면 목이 아프다.

❼ 내 동생은 정말 개구장이입니다.

❽ 운동장에 아이들 발자욱이 잔뜩 찍혀 있다.

❾ 잠이 와서 눈꼽이 잔뜩 끼었다.

❿ 산 넘어 남촌에는 누가 살고 있을까?

✏️ **비슷하지만 뜻이 다른 낱말**을 바르게 써 봅시다.

❶ 껍데기 : 달걀 　　　　 는 단단하다.

　　껍질 : 사과 　　　 은 얇게 깎아야 해.

❷ 바랜다 : 그림을 오래 걸어 두면 색이 　　　　 .

　　바란다 : 네 소원이 이루어지기를 　　　　 .

❸ 쌓였다 : 책상 정리를 안 해서 책이 잔뜩 　　　　 .

　　싸였다 : 선생님이 학생들에게 둘러 　　　　 .

❹ 장수 : 우리 동네 생선 　　　 아저씨는 마음씨가 좋다.

　　장사 : 내 동생은 얼마나 힘이 센지 정말 　　　 이다.

❺ 짖는 : 어디서 개가 　　　 소리가 들린다.

　　짓는 : 우리 동네에는 아파트 　　　 공사가 한창이다.

우리말 꾸러미

쓰기 108~109쪽

 이어 주는 말을 바르게 써 봅시다.

| 앞의 내용과 뒤의 내용을 병렬적으로 연결할 때 이어 주는 말 | ➡ 그리고 |

여름에는 수박을 많이 먹을 수 있습니다. ☐☐☐ 참외도 많이 먹을 수 있습니다.

나는 피아노를 잘 칩니다. ☐☐☐ 북도 잘 칩니다.

| 앞의 내용이 뒤의 내용의 원인이 될 때 이어 주는 말 | ➡ 그래서 |

어제 숙제를 열심히 하였습니다. ☐☐☐ 선생님께 칭찬을 받았습니다.

민수는 상장을 받았습니다. ☐☐☐ 하늘을 날 듯이 기뻤습니다.

| 앞의 내용이 뒤의 내용과 서로 반대가 될 때 이어 주는 말 | ➡ 그러나 |

나는 독서를 좋아합니다. ☐☐☐ 달리기는 좋아하지 않습니다.

받아쓰기 시험을 50점 받았습니다. ☐☐☐ 어머니께 꾸중을 듣지 않았습니다.

맞춤법 학습지 정답

1~8단원

1단원
읽기 5~20쪽

1. 왔다
2. 꽃이
3. 흙덩이
4. 돌멩이
5. 한솥밥
6. 소시랑게
7. 왜
8. 까마득한
9. 무릎에
10. 말았어

2단원
읽기 23~36쪽

1. 어떻게
2. 깃털
3. 같은
4. 옛날부터
5. 독특한
6. 진딧물과
7. 많습니다
8. 깨끗한
9. 알을
10. 알아맞혀

3단원
읽기 37~52쪽

1. 뛰었습니다
2. 오늘은
3. 저희를
4. 집으로
5. 돼요
6. 동그랗게
7. 끄덕였습니다
8. 끝에
9. 밑에
10. 귀여워서

4단원
읽기 53~68쪽

1. 담아서
2. 우습다
3. 돋보기로
4. 괜찮아요
5. 첫째와
6. 큰일이
7. 며칠이
8. 하룻밤을
9. 재주를
10. 오래오래

5단원
읽기 69~84쪽

1. 진흙으로
2. 배불뚝이
3. 그릇이
4. 담아
5. 부채를
6. 훌륭한
7. 주의할
8. 텔레비전
9. 걸렸어요
10. 예쁜

6단원
읽기 85~100쪽

1. 도움을
2. 생활을
3. 설거지
4. 열심히
5. 나뭇잎은
6. 고개를
7. 집으로
8. 웃으면서
9. 동물이
10. 많잖아요

7단원
읽기 101~118쪽

1. 눈길로
2. 빙그레
3. 쪽지를
4. 굶주린
5. 제발
6. 불을
7. 엎어졌습니다
8. 숙제를
9. 뺨을
10. 곰곰이

8단원
읽기 119~130쪽

1. 숙이고
2. 앞에
3. 불을
4. 달아났습니다
5. 찾았다
6. 몸이
7. 까맣게
8. 낭떠러지
9. 뭉게뭉게
10. 눈물이

백점 만점의 100점 받아쓰기 단계장 카드

2학년 1학기 · 1~24단계

백점 만점의 100점 받아쓰기 1단계
읽기 5~8쪽

1. 느낌을 말해요.
2. 호랑나비 호랑호랑
3. 봄이 왔다 호랑호랑
4. 꽃이 폈다 호랑호랑
5. 영치기 영차
6. 깜장 흙 속의 푸른 새싹들이
7. 흙덩이를 떠밀고 나오면서
8. 돌팍 밑에 예쁜 새싹들이
9. 돌덩이도 무섭지 않은
10. 돌멩이의 사투리

백점 만점의 100점 받아쓰기 3단계
읽기 17~20쪽

1. 설문대 할망
2. 까마득한 옛날 일이야.
3. 바닷물을 철렁철렁 일으키며
4. 깊은 물도 겨우 무릎에 닿았대.
5. 제주도는 그냥 편평한 섬이었어.
6. 한가운데 차곡차곡 쌓았어.
7. 산꼭대기 흙을 퍽퍽 퍼내서
8. 평생 옷 한 벌로 살 수는 없잖아?
9. 육지까지 쭉쭉 다리를 놓아 주지.
10. 옷을 다 짓지 못하고 말았어.

오려서 사용하세요.

백점 만점의 100점 받아쓰기 5단계
읽기 26~31쪽

1. 오랜 옛날부터
2. 지어진 까닭이 있습니다.
3. 독도를 우산도라고 불렀습니다.
4. 가까운 곳에 있는 섬입니다.
5. 높고 낮은 세 개의 봉우리처럼
6. 개미는 독특한 냄새를 풍깁니다.
7. 여럿이 힘을 합하여 들고 나릅니다.
8. 먹이는 사이좋게 나누어 먹습니다.
9. 진딧물과 서로 돕고 삽니다.
10. 잡아먹으러 왔을 때에 쫓아 줍니다.

백점 만점의 100점 받아쓰기 7단계
읽기 37~43쪽

1. 이런 생각이 들어요.
2. 짝꿍 바꾸는 날
3. 알은체도 하지 않았습니다.
4. 가슴이 콩닥콩닥 뛰었습니다.
5. '누구와 짝이 될까?'
6. "오늘은 운이 없구나!"
7. '고기야, 제발 많이 잡혀 다오.'
8. "아이고, 큰일 났네."
9. "어부님! 저희를 살려 주세요."
10. 멸치를 잡아 집으로 돌아왔습니다.

백점 만점의 100점 받아쓰기 4단계
읽기 23~25쪽

1. 알고 싶어요.
2. 아, 황새는 이렇게 자는구나!
3. 동물들은 어떻게 잘까요?
4. 부리를 깃털 사이에 파묻고
5. 이렇게 서 있으면
6. 몸의 열이 빠져나가는 것을 줄여
7. 누웠다 일어나려면 한참 걸립니다.
8. 표범과 같은 적이 다가오면
9. 빨리 도망갈 수 있도록
10. 꾸벅꾸벅 조는 듯이 잡니다.

백점 만점의 100점 받아쓰기 2단계
읽기 9~16쪽

1. 개구리네 한솥밥
2. 쌀 한 말을 얻어 오려
3. 형을 찾아 길을 나섰네.
4. 덥적덥적 길을 가노라니
5. 소시랑게 한 마리 엉엉 우네.
6. 방아깨비 우는 것이 가엾어
7. "너 왜 우니?"
8. "길을 잃고 갈 곳 몰라 운다."
9. 꿩꿩 장 서방 자네 집이 어딨니?
10. 김칫국 끓여 밥 말아 먹고 살았다.

백점 만점의 100점 받아쓰기 8단계
읽기 44~49쪽

1. 시끄럽게 해서 죄송해요.
2. 집 앞에서 축구를 할 때에는
3. 신이 나서 떠들게 돼요.
4. 꾸중을 들으니 기분이 좋지 않았다.
5. 마음 놓고 축구를 하고 싶다.
6. "말도 안 되는 소리!"
7. "호수를 함께 사용하면 되잖아?"
8. 눈을 동그랗게 뜨고 물었습니다.
9. 마주 보며 고개를 끄덕였습니다.
10. 손뼉을 치며 좋아하였습니다.

백점 만점의 100점 받아쓰기 6단계
읽기 32~36쪽

1. 엷은 갈색 점이 많습니다.
2. 어름치라는 이름이 붙었다고 합니다.
3. 얼음 밑을 헤엄쳐 다닌다고 하여
4. 깨끗한 물에서만 삽니다.
5. 천연기념물로 정하였습니다.
6. 입으로 물어다 강바닥에 모읍니다.
7. 구덩이를 파고 알을 낳습니다.
8. 탑처럼 쌓아 올립니다.
9. 자갈을 강 가운데에 모읍니다.
10. 알아맞혀 보세요.

백점 만점의 100점 받아쓰기 9단계
읽기 52쪽

1. 할머니의 자장가
2. 머리끝에 오는 잠
3. 살금살금 내려와
4. 눈썹 밑에 모여들어
5. 깜빡깜빡 스르르
6. 귀밑으로 오는 잠
7. 우리 아기 잠드네
8. 쌔근쌔근 잠드네
9. 워리 자장 워리 자장
10. 강아지처럼 귀여워서 부르는 말

백점 만점의 100점 받아쓰기 11단계
읽기 60~61쪽

1. 호랑이를 잡은 반쪽이
2. 어느 고을에 삼 형제가 살았대.
3. 첫째와 둘째는 잘생기고 셋째는
4. 다리도 하나밖에 없는 반쪽이야.
5. 마을에 큰일이 생겼어.
6. 사람들은 불안에 떨었어.
7. 며칠이 지나도 돌아오지 않았어.
8. 둘째 형은 혼자 가 버렸대.
9. "반쪽아, 부디 조심하여라."
10. "제가 호랑이도 잡아 오겠습니다."

오려서 사용하세요.

백점 만점의 100점 받아쓰기 13단계
읽기 72~75쪽

1. 진흙으로 만든 그릇
2. "옹기전은 어떤 곳이에요?"
3. "옹기그릇을 파는 곳이야."
4. 앞마당에 줄지어 서 있는
5. 배불뚝이 모양이 조금씩 다른
6. 여러 종류의 그릇이 많았다.
7. 음식물을 담아 놓으면
8. 쉽게 상하지 않지.
9. 흙으로 빚은 그릇이라 그런지
10. 바람이 들어가는 듯하였다.

백점 만점의 100점 받아쓰기 15단계
읽기 84쪽

1. 알쏭달쏭 낱말 놀이
2. '고맙습니다.'와 비슷한 말
3. 내가 태어난 날
4. 텔레비전에서 만화영화를 보아요.
5. 우리나라 사람들이 즐겨 먹는 반찬
6. "에취!" 감기에 걸렸어요.
7. 학교에 다니며 공부하는 사람
8. 꽃씨를 예쁜 화단에 심어요.
9. 식사 뒤에는 양치질을 해요.
10. 충치가 생기지 않아요.

백점 만점의 100점 받아쓰기 12단계
읽기 63~65쪽

1. 대궐 같은 집에서
2. 하룻밤을 묵게 되었지.
3. "저에게 밥 한 그릇만 주십시오."
4. 마루 밑에 들어가 잠을 잤어.
5. 두런거리는 소리에 잠을 깼어.
6. "그 녀석은 떠났느냐?"
7. "아무 데도 보이지 않습니다."
8. 재주를 넘더니 호랑이로 변하네.
9. "네가 큰일을 하였구나. 장하다!"
10. 오래오래 행복하게 잘 살았대.

백점 만점의 100점 받아쓰기 10단계
읽기 53~58쪽

1. 마음을 담아서
2. 응원을 하나 봐요
3. 어디서 배웠을까
4. 꼬리를 흔들어 대며
5. "야, 진짜 우습다."
6. 얼굴에 가져다 댑니다.
7. 풀과 벌레를 살펴보는 데 써야지!
8. 돋보기로 보면 뱀이 될 텐데
9. "괜찮아요."
10. 운동장으로 뛰어나갑니다.

백점 만점의 100점 받아쓰기 16단계
읽기 85~87쪽

1. 의견이 있어요.
2. 물 없이 살 수 없어요.
3. 우리에게 많은 도움을 줍니다.
4. 생활을 편리하게 해 줍니다.
5. 설거지, 빨래 등을 할 수 있습니다.
6. 물로 전기를 만들어 쓰고
7. 몸속의 찌꺼기가 나가게 돕습니다.
8. 물을 아껴 써야 합니다.
9. 세수를 하거나 양치질을 할 때에도
10. 필요한 만큼 물을 받아 사용합시다.

백점 만점의 100점 받아쓰기 14단계
읽기 76~82쪽

1. 전통 공예 체험 행사
2. 옛 물건 만들기를 배웁니다.
3. 세 가지 체험을 합니다.
4. 아름다운 부채를 만듭니다.
5. 훌륭한 솜씨도 배우게 됩니다.
6. 자료실을 새롭게 단장하였습니다.
7. 마음껏 책을 읽도록 하기 위해서
8. 제목으로 책을 찾습니다.
9. 주의할 점이 있습니다.
10. 꿈을 더 크게 키우세요.

백점 만점의 100점 받아쓰기 17단계
읽기 88~91쪽

1. 해와 달이 본 세상
2. 사람들이 사는 곳은 참 아름다워.
3. 항상 열심히 일하고 있지.
4. 얼마나 예쁜지 몰라.
5. 나뭇잎은 은빛으로 빛나.
6. 할아버지께 여쭈어 보았습니다.
7. 서로 자기의 말이 옳다고 하는 거야.
8. 그게 무슨 말씀이세요?
9. 해는 낮의 모습만 보고 말하였지.
10. 마주 보며 고개를 끄덕였습니다.

백점 만점의 100점 받아쓰기 19단계
읽기 101~109쪽

1. 따뜻한 눈길로
2. 그럴 때 가장 기분이 나쁘다.
3. "노려보면 어쩔 건데?"
4. 아버지께서 빙그레 웃으셨다.
5. 대문에 쪽지를 붙여 놓자.
6. 쭈뼛쭈뼛 몇 번을 망설이더니
7. "남은 게 없는데 어쩌지요?"
8. "아, 그렇군요."
9. 함빡 웃으며 꼭 껴안았습니다.
10. 등 뒤로 웃음소리가 들렸습니다.

오려서 사용하세요.

백점 만점의 100점 받아쓰기 21단계
읽기 113~118쪽

1. 이것은 숙제를 해 주는 로봇이란다.
2. 왼쪽 뺨을 살짝 건드렸습니다.
3. "찌르릉! 다 썼습니다."
4. "선생님께서 내 주신 글쓰기 숙제야."
5. 수영이는 게으른 아이다.
6. 연못으로 놀러 갔습니다.
7. 다급한 소리가 들렸습니다.
8. 오리 한 마리가 빠져 있었습니다.
9. 곰곰이 생각한 끝에
10. 좋은 방법을 알아냈습니다.

백점 만점의 100점 받아쓰기 23단계
읽기 123~125쪽

1. 불개는 동쪽으로 달려갔습니다.
2. 뜨거운 불을 내뿜었습니다.
3. 청룡은 놀라서 달아났습니다.
4. "아, 드디어 해를 찾았다."
5. 와락 달려들어 해를 꽉 물었습니다.
6. "앗, 뜨거워!"
7. 불개의 몸이 검게 그슬렸습니다.
8. "썩 돌아가지 못할까?"
9. 백호가 으르렁거렸습니다.
10. 온몸이 빳빳하게 얼어붙었습니다.

백점 만점의 100점 받아쓰기 20단계
읽기 110~111쪽

1. 소금 장수와 기름 장수
2. 굶주린 호랑이와 마주쳤습니다.
3. "제발 한 번만 살려 주십시오."
4. 호랑이는 들은 체도 하지 않고
5. 소금 장수를 통째로 삼켜 버렸습니다.
6. "여기서 어떻게 빠져나가지요?"
7. "먼저 불을 켜고 봅시다."
8. 호랑이가 벌떡 일어나는 바람에
9. 그만 등잔이 엎어졌습니다.
10. 호랑이는 펄쩍펄쩍 뛰었습니다.

백점 만점의 100점 받아쓰기 18단계
읽기 92~97쪽

1. 작은 것도 소중해
2. 집으로 돌아오던 길이었습니다.
3. 동전을 떨어뜨리고 지나갔습니다.
4. 형은 웃으면서 말하였습니다.
5. 소중한 마음을 가졌으면 좋겠습니다.
6. 많은 동물이 몰려들었습니다.
7. 옆에서 듣고 있던 아기 곰도
8. 살기 좋은 곳인지 알려 주겠어요.
9. 원숭이도 일어나서 말하였습니다.
10. 궁금해하는 친구들이 많잖아요?

백점 만점의 100점 받아쓰기 24단계
읽기 126~127쪽

1. 가득히 담아 와서 뿜어냈습니다.
2. "저 개가 불덩이를 토합니다."
3. 약속은 까맣게 잊고 말았습니다.
4. 낭떠러지 아래로 던져 버렸습니다.
5. "햇빛과 달빛을 가져왔었구나!"
6. 뭉게뭉게 피어올랐습니다.
7. 구름에 태워 힘차게 날아갔습니다.
8. 눈에서 눈물이 흘러내렸습니다.
9. 황금빛을 띤 황삽사리
10. 검푸른 빛을 띤 청삽사리

백점 만점의 100점 받아쓰기 22단계
읽기 119~122쪽

1. 재미가 새록새록
2. 깜깜한 까막나라가 있었습니다.
3. 모두 고개만 숙이고 있었습니다.
4. 그때, 용감한 개 한 마리가
5. 임금님 앞에 나섰습니다.
6. "제가 불을 구해 오겠습니다."
7. "오, 그게 정말이냐?"
8. 번개처럼 북쪽으로 달려갔습니다.
9. "네 노래가 내 마음을 울리는구나."
10. "환한 빛은 해와 달에서 나온단다."